AF313697

23 Nov 1891 V

VENTE PAR SUITE DE DÉCÈS

BIJOUX & DIAMANTS

Belle Collection d'Éventails anciens

MAGNIFIQUE GARDE-ROBE DE DAME

Dentelles, Guipures, Fourrures

PIANOS D'ÉRARD, ÉPINETTE LOUIS XIV

—❖—

EXPOSITION PUBLIQUE

HOTEL DROUOT, SALLE N° 5

Le Dimanche 22 Novembre 1891

De 1 heure 1/2 à 5 heures 1/2

—⋈—

<table>
<tr><td>COMMISSAIRE-PRISEUR :</td><td>EXPERT :</td></tr>
<tr><td>Mᵉ DESAUBLIAUX</td><td>M. B. LASQUIN</td></tr>
<tr><td>Rue Saint-Guillaume, 21</td><td>Rue Laffitte, 12</td></tr>
</table>

PARIS — 1891

IMPRIMERIE MAULDE et RENOU

———

A. MAULDE & Cie

IMPRIMEURS DE LA COMPAGNIE DES COMMISSAIRES-PRISEURS

Rue de Rivoli, 144. — Paris

CATALOGUE

DE

BIJOUX & DIAMANTS

OLLIER DE PERLES, RIVIÈRE EN BRILLANTS

Quantité de Broches, Bagues
Épingles, Boucles d'oreilles, Colliers, Bracelets, Médaillons

BELLE COLLECTION D'ÉVENTAILS

LOUIS XIV, LOUIS XV ET LOUIS XVI

MAGNIFIQUE GARDE-ROBE DE DAME

RICHES ÉTOFFES

BELLES DENTELLES ET GUIPURES

Anciennes et modernes

NOMBREUSES FOURRURES

Pianos à queue et demi-queue d'ÉRARD, de Pfeiffer et de Pleyel

ÉPINETTE DU TEMPS DE LOUIS XIV

Objets divers

DONT LA VENTE AURA LIEU

PAR SUITE DE DÉCÈS

HOTEL DES VENTES, SALLE Nº 5

Les Lundi 23, Mardi 24, Mercredi 25, Jeudi 26 et Vendredi 27 Novembre 1891

A DEUX HEURES

Par le ministère de Mᵉ **DESAUBLIAUX**, Commissaire-Priseur
rue Saint-Guillaume, 21

Assisté de **M. B. LASQUIN**, Expert, rue Laffitte, 12

CHEZ LESQUELS SE TROUVE LE PRÉSENT CATALOGUE

EXPOSITION PUBLIQUE

Le Dimanche 22 Novembre 1891, de 1 heure 1/2 à 5 heures 1/2

PARIS — 1891

CONDITIONS DE LA VENTE

Elle sera faite au comptant.

Les Acquéreurs paieront CINQ POUR CENT en sus des enchères, applicables aux frais.

L'Exposition publique mettant le Public à même de se rendre compte de l'état des Objets, il ne sera admis aucune réclamation une fois l'adjudication prononcée.

ORDRE DES VACATIONS

Le Lundi 23 Novembre, à deux heures

BIJOUX ET DIAMANTS .... Nᵒˢ 61 à 140

Le Mardi 24 Novembre

BIJOUX ET DIAMANTS................ .... Nᵒˢ 141 à 223
A CINQ HEURES, LES PIANOS ET L'ÉPINETTE.... . — 523 à 527

Le Mercredi 25 Novembre

ÉVENTAILS.................................... Nᵒˢ 1 à 60
DENTELLES ET GUIPURES..................... — 224 à 300

Le Jeudi 26 Novembre

GARDE-ROBE — ÉTOFFES

Le Vendredi 27 Novembre

GARDE-ROBE — FOURRURES

NOTA. — L'ordre numérique du Catalogue ne sera pas suivi.

A. Maulde et Cie, imprimeurs de la Compagnie des Commissaires-Priseurs
rue de Rivoli, 144   600—18707

DÉSIGNATION

ÉVENTAILS ANCIENS

1 — Bel Éventail Louis XVI, à monture d'ivoire et de nacre sculptée, à figures pastorales, amours et guirlandes. La feuille décorée à la gouache, rehaussée de dorure, offre au centre un médaillon ovale : le Berger galant, relié par des guirlandes de fleurs à deux autres médaillons peints en grisaille représentant des amours sur des nuages.

2 — Éventail Louis XV, à monture d'ivoire et de nacre, repercé à jour. La feuille peinte à la gouache rehaussée de dorure, représente un Berger agenouillé aux pieds d'une Bergère, dans un parc avec château, statue et vase de marbre.

3 — Éventail Louis XVI, à monture d'ivoire, découpée et décorée de fleurs. La feuille peinte à la gouache, représente deux figures au bord d'une rivière.

4 — Éventail Louis XVI, à monture d'ivoire sculpté, à médaillons de figures, oiseaux et guirlandes rehaussés de dorure. La feuille, finement décorée à la gouache, offre un gracieux sujet pastoral de six figures : la Bergère endormie.

5 — Joli Éventail Louis XVI, à monture de nacre sculptée, à figures et attributs pastoraux. La feuille représente un Jardinier galant offrant des Fleurs à une dame, dans un parc avec grandes charmilles, jets d'eau et vases; à droite et à gauche, deux médaillons : Amours en grisaille, Fruits et Nids d'oiseaux retenus par des rubans.

6 — Bel Éventail de style Louis XV, à très riche monture en nacre, sculptée à sujet de Nymphes et Amours. La feuille, peinte à la gouache sur vélin, représente l'Enlèvement d'Europe.

7 — Bel Éventail Louis XVI, à monture d'ivoire sculptée, à figures, médaillons et attributs, rehaussée de dorure. La feuille, peinte à la gouache, représente un Gentilhomme et une Dame accompagnés d'un chien se reposant de la chasse; à droite et à gauche, un médaillon en grisaille : groupe de Fruits.

8 — Éventail Louis XVI, à monture d'ivoire découpé, de style chinois. La feuille représente trois sujets de Figures champêtres.

9 — Éventail Louis XVI, à monture d'ivoire sculpté, avec feuille finement peinte, représentant un Berger offrant des fleurs à une Bergère assise sur un tertre; à droite et à gauche, des branches fleuries.

10 — Éventail Louis XVI, à monture de nacre ornée de médaillons. La feuille représente un Villageois baisant la main d'une Bergère, et épié par un rival sortant du toit d'une chaumière voisine; à droite et à gauche, un médaillon en grisaille, vases et attributs de musique.

11 — Éventail Louis XVI, à monture d'ivoire découpé. La feuille, peinte à la gouache, offre au centre une Corbeille de fleurs, et de chaque côté un groupe de Fruits et une Cornemuse.

12 —. Éventail Louis XVI, monture d'ivoire découpé, à filets d'or. La feuille en soie offre des ornements à paillettes; au centre, un sujet de trois figures : la Leçon de chant; et sur le côté des attributs de musique peints à la gouache.

13 — Joli Éventail Louis XIV, à monture d'écaille brune, posée d'ornements d'or et de nacre. La feuille en vélin est entièrement décorée par un sujet d'après Lebrun : le Siège d'une ville par l'armée romaine. A droite, sur un piédestal, on lit la curieuse inscription suivante : *Offert à Ninon par son ami Saint Evremont.*

14 — Éventail Louis XVI, à monture d'ivoire sculpté à jour. Feuille peinte à la gouache, offrant au centre un sujet pastoral : le Goûter; à droite et à gauche, deux autres sujets : Berger et Bergère dans des paysages.

15 — Curieux Éventail Louis XV, à monture d'ivoire sculpté et peint avec partie servant d'entre-deux à la feuille divisée en deux zones. La feuille supérieure représente un Carrosse et diverses Figures devant un pavillon et deux Scènes de comédie; l'autre feuille, moins large que la précédente, représente des petites figures de Promeneurs et des Sujets champêtres.

16 — Éventail Louis XVI, à monture d'ivoire ajourée et rehaussée de dorure. La feuille, peinte à la gouache, offre une scène villageoise : l'Oiseau apprivoisé.

17 — Joli Éventail Louis XVI, à monture d'ivoire sculpté et ajouré, à fleurs, guirlandes et attributs champêtres. La feuille, finement décorée, représente au centre un village au bord d'une rivière animée de Figures et de Bateaux; et de chaque côté, deux médaillons ronds, scènes de deux figures : le Berger galant, la Pêche à la ligne.

18 — Eventail Louis XVI, à monture d'ivoire ajourée.
Feuille offrant au centre un sujet de sept figures : le
Repos de Diane chasseresse; à droite et à gauche
deux grisailles : Fruits et Attributs pastoraux enca-
drés de fleurs.

19 — Éventail Louis XVI, à monture d'ivoire sculpté à
figures rehaussées d'or. La feuille décorée de trois
médaillons : Pêcheur à la ligne, Villageoise assise et
groupe de Fruits; le tout surmonté de guirlandes de
fleurs.

20 — Eventail Louis XVI, à monture d'ivoire posée
d'or. La feuille décorée au centre de deux figures de
Musiciens dans un parc; et sur les côtés, de deux
médaillons en camaïeu : Amours sur des nuages,
entourés de bouquets de fleurs.

21 — Éventail Louis XVI, à monture d'ivoire découpé
avec feuille peinte à la gouache : Persée délivrant
Andromède.

22 — Éventail Louis XVI, à monture d'ivoire. La
feuille ornée de paillettes et de trois médaillons. Au
centre, sujet galant de deux figures.

23 — Éventail Louis XV, à monture d'ivoire sculptée à
jour; la feuille, décorée en trompe l'œil, offre au
centre un sujet villageois en goguette.

24 — Très bel Eventail Louis XV, à riche monture de
nacre sculptée et ajourée offrant des figures allégori-
ques, des amours, des bustes, des vases et des attri-
bus, le tout rehaussé d'or. La feuille est décorée de
onze médaillons variés de formes, reliés et entourés
par des guirlandes de fleurs se détachant sur fond
bleu. Les trois principaux médaillons représentent :
au centre, une jeune fille en buste; à droite, et à
gauche, une noce villageoise et une entrée de parc.

25 — Éventail Louis XVI, à riche monture de nacre rehaussée d'or, offrant un trio de musiciens, des figures d'amours, des festons, des fleurs et des draperies. La feuille, en soie, ornée de paillettes, offre dans des encadrements de palmiers, un sujet de deux figures : la Déclaration d'amour, des fleurs et des enfants sur des nuages.

26 — Éventail Louis XV, à riche monture de nacre rehaussée d'or, offrant trois scènes pastorales genre Watteau dans des ornements rocaille. La feuille, peinte à la gouache, représente deux jeunes chasseresses et quatre amours.

27 — Éventail Louis XV, à monture d'ivoire sculpté et découpé à jour, avec feuille peinte à la gouache, Scène de cinq figures chinoises.

28 — Petit Éventail du temps de la Régence, en ivoire décoré au vernis Martin. Au centre, le sujet, Renaud et Armide, accosté de deux petits paysages en camaïeu bleu entourés de figures chinoises.

29 — Éventail Louis XVI, à monture d'ivoire, feuille en soie ornée de paillettes et de trois médaillons. Au centre, sujet de quatre figures : Le Chien savant.

30 — Petit Éventail du temps de la Régence, en ivoire décoré au vernis Martin du sujet Eliezer et Rebecca, très finement peint et répété des deux côtés de l'éventail.

31 — Éventail Louis XVI, monture d'ivoire ajourée et peinte à fleurs. La feuille, gouachée, représente quatre figures dans un paysage. Au milieu, un jeune homme montre un lézard à une dame assise.

32 — Petit Éventail ; la feuille décorée de trois médaillons de figures villageoises sur fond argenté.

33 — Éventail Louis XVI, à monture d'ivoire ajourée et peinte ; la feuille, gouachée, offre trois sujets villageois dans des paysages.

34 — Éventail Louis XVI, à monture d'ivoire découpée, à guirlandes, vases, médaillons et figures d'amours ; la feuille décorée de trois sujets pastoraux et de guirlandes de fleurs.

35 — Éventail Louis XVI, à monture de nacre rehaussée d'or, la feuille est décorée d'un sujet tiré de l'histoire d'Agar et de deux médaillons de fruits entourés de fleurs en camaïeu bleu.

36 — Éventail Louis XVI, à monture d'ivoire et feuille décorée d'un sujet pastoral et de fleurs peints à la gouache et appliqués sur un réseau de tulle.

37 — Petit Éventail Louis XV, à monture d'ivoire décorée au vernis Martin, d'un buste de jeune femme, de fleurs et de sujets chinois ; la feuille représente une fête champêtre et le revers un paysage.

38 — Éventail de style chinois, en ivoire finement sculpté et découpé, à fleurs et médaillons de paysages.

39 — Petit Éventail Régence, en ivoire décoré au vernis Martin d'une danse champêtre et de sujets chinois. Le revers représente un paysage avec manoir.

40 — Petit Éventail Empire, à monture en cuivre ciselé et doré, à rosaces et vases de fleurs, garnie de pierres de couleurs, feuille en soie, paillettes.

ÉVENTAILS MODERNES

41-60 — Environ cent dix Éventails modernes, en nacre, os et ivoire, bois découpé, bois doré, avec feuilles en soie décorée, plumes, etc. Seront vendus par lots.

BIJOUX ET DIAMANTS

61 — Collier à trois rangs comprenant deux cent vingt-quatre perles fines, avec fermoir orné de roses et de deux autres perles.

62 — Rivière composée de trente-quatre chatons en brillants montés sur argent.

63 — Broche forme papillon en or émaillé, montée de brillants, de huit émeraudes et de deux perles.

64 — Broche en forme de virgule, ornée d'une belle perle et de brillants.

65-67 — Six Épingles de chevelure formées de marguerites pavées de brillants et de roses ; deux sont garnies d'une perle.

68 — Broche en forme de marguerite, avec gros brillant au centre, pétales pavées de petits brillants.

69 — Demi-Parure en or, composée d'une petite broche et de deux boucles d'oreilles genre Louis XVI, à rubans et attributs, pavées de roses et ornées de perles.

70 — Broche de style analogue aux pièces précédentes, ornée de brillants, de roses et de quatre perles.

71 — Collier en or émaillé noir, garni de brillants et de perles.

72 — Petit Collier en or, formé de deux serpents émaillés noir, retenant un chaton avec pendeloque en brillants.

73 — Collier se démontant en deux bracelets, en or émaillé noir, garni de brillants, de roses et de trente perles.

74 — Deux Boutons d'oreilles en or, composés, chacun, d'une perle entourée de douze brillants.

75 — Partie de Collier, montée de sept perles, de brillants et de roses, avec pendentif orné de trois perles et de brillants.

76 — Deux Boucles d'oreilles formées, chacune, d'un saphir entouré de petits brillants et d'une perle poire.

77 — Bague en or, montée d'un saphir entouré de seize brillants.

78 — Bague-Marquise, pavée de dix émeraudes et de dix petits brillants.

79-80 — Deux Bagues en or, l'une avec turquoises et brillants, l'autre avec brillant et roses.

81-82 — Deux Bagues en or, montées, l'une de trois émeraudes et de brillants, l'autre de quatre émeraudes et de roses.

83 — Bracelet porte-bonheur en or émaillé, avec une perle et roses, relié à une bague par une chaînette en or et perles, la bague ornée d'une jolie perle et de deux brillants.

84 — Bague anneau d'or, montée d'un brillant.

85 — Collier, style grec, en or, garni de perles.

86 — Bague d'or, montée d'un saphir, un brillant entourés d'autres petits brillants et roses.

87 — Médaillon ovale, en or, à fleurs, garni de roses et en émail rubis.

88 — Petite Montre de chez *Mellerio-Meller*, en or, pavée de lapis et de roses, avec chaînette et clef.

89 — Bracelet en or émaillé bleu, orné de fleurs avec perles.

90 — Bracelet-Ceinture en or émaillé bleu, garni de perles.

91 — Bracelet composé de six rangs de petites perles fines, orné de vingt marguerites en rubis et roses, fermoir garni de six rubis.

92 — Médaillon ovale, en or, pavé de roses et de demi-perles.

93 — Châtelaine en or émaillé noir, ornée d'une tige de fleurs garnie de roses, avec un médaillon et une clef de montre.

94 — Chaîne de col en or, ornée de treize perles fines.

95 — Deux Boucles d'oreilles avec camées en émail, entourés de roses.

96 — Petite Broche en forme de cœur, en turquoise et roses et deux Boucles d'oreilles formant demi-parure.

97 — Peigne en écaille, avec galerie en or émaillé, orné de huit roses et de sept perles.

98 — Bracelet-Gourmette avec petite montre à remontoir entourée de roses.

99 — Collier en or et perles.

100 — Médaillon rond, entouré de roses.

101 — Garniture de peigne, pavée de turquoises et de roses.

102 — Deux Boucles d'oreilles en or, composées de dix-neuf perles chacune.

103 — Petite Broche ronde, garnie de perles et roses.

104 — Deux petites Boucles d'oreilles ornées d'une perle et de quatre petites roses.

105 — Un Collier en or.

106-108 — Un Collier et deux Bracelets en or, avec petites perles.

109 — Un petit Porte-Bonheur en or, pavé de demi-perles.

110 — Un Bracelet en or, avec deux coulants ornés de demi-perles.

111 — Un Bracelet, forme tresse, en or.

112 — Un Bracelet ciselé à jour, en or, à filets d'émail bleu.

113 — Un Porte-Bonheur garni de petites turquoises.

114 — Deux Porte-Bonheur en émail bleu.

115 — Un Bracelet-Ruban, avec coulant émaillé noir, orné d'une perle et de huit petites roses.

116 — Un Bracelet à chaînette, orné d'un émail d'après Raphaël.

117 — Un Bracelet-Gourmette, avec fermoir émaillé bleu et une Croix en demi-perles.

118 — Boîte à deux compartiments en cristal, montée or et garnie de pierres fines. Époque Louis XV.

119 — Un petit Porte-Bonheur, avec pendeloques, en or et argent.

120 — Un Bracelet en émail noir.

121 — Deux Bracelets Porte-Bonheur, une Chaînette et une Chaîne de montre.

122 — Bracelet-Serpent, avec deux petites roses.

123 — Bracelet orné deux petits rubis.

124 — Bracelet-Gourmette, avec huit médaillons et une Croix de la Légion d'Honneur.

125 — Collier en or, avec cinq médaillons en or garnis de pierres fines et de perles.

126 — Paire de Boucles d'oreilles en or et émail.

127 — Paire de Boucles d'oreilles en or, avec miniatures et petites perles.

128 — Un Collier avec croix et cœur, fermoir émaillé.

129 — Broche, forme puits, en or ciselé et perles.

130 — Cinq Croix en or.

131 — Un Médaillon en or et perles.

132 — Paire de Boucles d'oreilles, genre indien, en or.

133 — Broche-Barrette, un bout de Chaîne, un petit Bracelet.

134 — Deux Croix normandes en or.

135 — Collier, genre antique.

136-137 — Deux Bracelets en filigrane et perles.

138-152 — Trente-sept Bagues diverses, en or, deux Anneaux, huit Boucles d'oreilles.

153-155 — Trois Faces à main en or, dont une émaillée avec chaîne de col et trois médaillons.

156 — Deux petites Broches couronnes de perles et turquoises.

157 — Broche en or, avec pierres fausses, émeraude et brillants.

158 — Bague-Marquise Louis XVI, avec grisaille.

159 — Bracelet en or malachite et demi-perles.

160 — Broche Louis XVI, en or ciselé, avec peinture sur émail.

161 — Deux Bracelets émaillés bleu.

162 — Une Broche en émail bleu et perles, deux Boucles d'oreilles, mains croisées, en émail, une Broche bouquet de fleurs, un Médaillon garni de turquoises.

163 à 212 — Environ cent-vingt pièces Bijoux, en or et en argent : Broches, Bracelets, Épingles, Boucles d'oreilles, Boucles de ceintures, Boutons en strass, Colliers, Épingles à cheveux, Montres, Croix, Médaillons, Cassolettes, etc., etc., quelques pièces montées de brillants, roses et pierres fines.

213 à 223 — Quantité considérable de Bijoux faux.

DENTELLES ET GUIPURES

224 — 7^{m}10 de Point d'Alençon de 20 cent. de hauteur.

225 — 10^{m}65 en Point d'Argentan.

226 — Deux Volants en Point d'Argentan.

227 — Trois Coupons en Point d'Argentan à relief.

228 — Cinq Garnitures de Mouchoirs en Point d'Alençon, Guipure de Venise ancienne, Guipure d'Angleterre et une grande Barbe en Alençon.

229 — 6 mètres Application d'Angleterre, haut volant, et 3^{m}25 petit volant.

230 — 8 mètres de Dentelle noire de Chantilly de 32 cent. de hauteur.

231 — 17 mètres de Dentelle noire de Chantilly en plusieurs bouts.

232 — Une Rotonde garnie de 8 mètres Dentelle de Chantilly.

233 — Un Corsage, une Capeline, cinq Cols, deux Pèlerines en Dentelle noire de Chantilly.

234 — 10 mètres en plusieurs bouts : 3^{m}80 belle Dentelle noire et 2^{m}70 de haut volant; le tout en Chantilly.

235 — Huit Mouchoirs en Alençon, Malines, application et Valenciennes, fil tiré.

236 — Une Pointe en guipure d'Angleterre, un Fichu en Point de Bruxelles.

237 — Une Robe de Chambre et une Matinée en guipure moderne.

238 — 2 mètres d'Angleterre et un fond.

239 — Trois Barbes et 3ᵐ50 de Valenciennes.

240 — Huit Voilettes en application.

241 — 3ᵐ30 de Guipure d'Angleterre.

242 — Mantille garnie de guipure de Venise.

243 — 10 mètres Application d'Angleterre.

244 — Deux beaux Volants d'environ 7ᵐ30, application d'Angleterre de 52 et 60 cent. de hauteur.

245 — Quatre Barbes avec papillons en Angleterre.

246 — Une Barbe en guipure d'Angleterre à brides et un fond. Une Barbe Valenciennes et une Barbe d'Angleterre.

247 — Quatre Barbes et 2ᵐ60 de Malines.

248 — Une Pointe de guipure de Venise.

249 — 1ᵐ25 de Point de Burano et 3ᵐ60 de même point, deux petites Fanchons et un bout d'Alençon.

250 — Un Fichu Entre-Deux, Col, Manches et trois Cols à jabot, le tout en Malines.

251 — 11 mètres de Malines, 4ᵐ40 de Valenciennes et un fond.

252 — Un Corsage et une Cravate de Malines ancienne.

253 — 4ᵐ50 de Guipure de Venise à bride.

254 — Un Corsage avec 5 mètres de Valenciennes haute et 2 mètres de Valenciennes basse.

255 — Fichu garni de 5 mètres de Valenciennes, Jarretières et Manchettes.

256 — Cravate en batiste garnie de guipure ancienne, une Barbe en Valenciennes et un Bout de dentelle de fil.

257 — Un Fichu garni de 3ᵐ80 d'Angleterre.

258 — Neuf Voilettes de Chantilly.

259 — Deux Chemisettes et un Fichu garnis de Valenciennes.

260 — Une Écharpe, un Fichu, une Pèlerine en application d'Angleterre.

261 — Une Pointe en application d'Angleterre.

262 — Quatre Fichus d'application, un Jabot en blonde et un Col en point à l'aiguille.

263 — Une Écharpe et un Voile en application d'Angleterre.

264 — Une Écharpe, un Corsage et un Fichu en point de Bruxelles.

265 — Un Fichu en guipure d'Angleterre.

266 — Un Fichu en guipure d'Angleterre à brides.

267 — Deux Écharpes en application.

268 — Une Pèlerine en guipure d'Angleterre.

269 — Un Voile en Angleterre.

270 — Un Fichu garni de Malines.

271 — 5 mètres Guipure de Venise.

272 — Un Fichu garni de Malines ancienne très fine.

273 — Douze Corsages de batiste garnis de Valenciennes.

274 — Un Corsage garni de guipure d'Angleterre.

275 — Une Matinée garnie de guipure de Venise Louis XIV.

276 — Corsage broderie de soie, garni de guipure de Venise, Louis XIV.

277 — Deux Peignoirs en batiste brodée et garnis de Valenciennes.

278 — Un Corsage en batiste, garni de Point d'Alençon.

279 — Une Cravate en Point d'Alençon, une paire de Manches en Point d'Alençon.

280 — Une Barbe et une Cravate en Point d'Argentan et un fond de Bonnet.

281 — Deux Matinées en batiste garnies de Valenciennes.

282 — Deux Chemises soie, garnies de Valenciennes.

283 — Trois Chemises garnies de Valenciennes.

284 — Quatre Chemisettes en batiste, garnies de Valenciennes.

285 — Une Écharpe, un Châle carré et environ 1^m 3o, deux Cols et six Barbes d'application.

286 — Un Col, une Barbe, une Cravate et 7 mètres le tout en Valenciennes.

287 — Une Écharpe en Point de Bruxelles, une Echarpe en Point de Malines.

288 — Une Robe et trois Fichus en guipure de Venise, moderne.

289 — Tres belle Robe et une Casaque en guipure moderne, doublée de soie bleue.

290 — Un Corsage, un Gilet, une Jupe en gaze brodée de soie, garnie de guipure espagnole ancienne.

291 — Capeline et deux Voilettes de Chantilly.

292 — Une Écharpe orientale garnie de Valenciennes haute, et 3^m 5o de dentelle moins large.

293 — Une Jupe de 2^m 4o, un Mantelet garni de 4^m 5o, d'application d'Angleterre.

294 — Un Mantelet en Chantilly, garni de 7^m 5o.

295-300 — Plusieurs lots de Dentelles diverses.

GARDE-ROBE

301 — Robe de satin bleu, garnie de 9 mètres de Chantilly.

302 — Mantelet de crêpe de Chine, garni de 15 mètres de Chantilly.

303 — Robe garnie de 12 mètres de dentelle noire de Chantilly.

304 — Jupe en grenadine, garnie de 5^m 60 de dentelle noire de Chantilly.

305 — Une Casaque en satin, garnie de 20^m 50 de Chantilly de deux hauteurs.

306 — Une Jupe avec Corsage de satin noir, garni de 18 mètres de dentelle de Chantilly.

307 — Une Jupe et un Corsage garnis de Valenciennes, Louis XIV.

308 — Robe et Corsage en soie, garnis d'environ 1^m 40 de point d'Alençon.

309 — Une Robe de chambre en soie verte, garnie en broderie artistique sur batiste.

310 — Un Jupon en satin groseille, garni en toile de Venise ancienne avec guipure.

311 — Très beau Costume de bal en velours violet et crêpe de Chine saumon, avec broderie métallique.

312 — Robe de soie blanche avec guipure d'un très riche dessin.

313 — Robe de bal et un Manteau de cour en moire vieux rose.

314 — Robe de bal en satin blanc avec fleurs brodées au passé.

315 —- Robe de bal en moire bleue brochée, avec broderies métalliques.

316 — Robe de bal en satin rosé broché, à bouquets de fleurs.

317 — Robe de bal en velours turquoise, garni de plumes.

318 — Robe, soie brochée, à rayures et fleurettes genre Louis XVI.

319 — Robe de bal en satin blanc broché d'argent.

320 — Matinée en satin saumon et dentelle imitation.

321 — Robe en satin bleu clair et gaze de soie.

322 — Robe de satin mauve avec dessus en gaze de soie brodée.

323 — Robe de soie, genre Louis XVI, rose, à rayures et fleurettes, garnie de gaze de soie.

324 — Robe en crépon blanc brodé.

325-326 — Deux Robes, soie brochée, à bouquets de fleurs, genre Louis XV.

327 — Corsage en velours de Gênes, garni de Point d'Alençon.

328 — Robe en crêpe de Chine bleu clair.

329 — Robe en velours vert moiré.

330 — Robe en soie brochée gris perle.

331 — Corsage en velours gris bleu, garni de plumes.

332 — Robe en soie gris perle.

333 — Robe en soie rayée, à tons changeants, gris perle.

334 — Robe en soie bleue, garnie de plumes.

335 — Robe en soie bleu clair, garnie de dentelle noire.

336 — Robe en soie héliotrope.

337 — Robe de chambre en peluche cramoisie doublée de satin.

338 — Sortie de théâtre en crêpe brodé et garni de plumes.

339 — Robe en soie bleu clair et un Mantelet.

340 — Robe en soie brochée, à fleurs et velours.

341 — Manteau de velours garni d'une passementerie d'acier.

342 — Plusieurs Robes de bal en soie et gaze.

343 — Robe en peluche bleue.

344 — Robe de satin blanc, garnie de plusieurs espèces de dentelles blanches.

345 — Robe et Corsage en satin vert brodé et broché, garnie de 1^{m}75 de Point d'Alençon.

346 — Costume en mousseline de l'Inde, garni de guipure moderne.

347 — Un Corsage avec 3^{m}20 de Malines et une Jupe en dentelle bretonne.

348 — Costume en soie violette, garni de 1^{m}75 de point à l'aiguille, moderne.

349 — Jupe, deux Corsages et une Ceinture en soie rose garnie de guipure moderne.

350 — Robe de chambre en soie verte garnie de guipure artistique appliquée sur batiste.

351 — Jupe et Corsage en soie lilas, garnie de 4^m de Malines.

352 — Costume satin blanc rayé bleu, garni de 7^{m}25 de Point d'Alençon ancien et de 2^m de même Point réappliqué.

353 — Un Costume breton soie brochée, avec galons d'or et un Costume en grenadine brodée.

354 — Une Matinée en soie bleue, garnie de 7^{m}50 de Valenciennes.

355-455 — Environ cent-cinquante pièces : Costumes, Robes, Jupes, Robes de chambre, Matinées en soie, laine et étoffes de fantaisie et Linge de corps.

456 — Châle long en cachemire des Indes.

457 à 464 — Quatorze Châles en crêpe de Chine, de nuances variées, dont plusieurs brodés.

465 à 470 — Onze pièces Châles et Cachemires d'Orient.

471 — Quarante-sept pièces Pèlerines, Châles, Fichus en tricot.

472 — Quinze Châles divers en laine.

473 — Cravates, Rubans, Chapeaux.

ÉTOFFES

474 — Environ 15 mètres de Crêpe jaune brodé.

475 — Six Morceaux de soie brodée.

476 — Vingt-un Coupons de soie de nuances variées.

477 — Robe chinoise et neuf pièces Écharpes en crêpe et Étoffe orientale.

478 — Coupon de 18 mètres de soie saumon.

479 — Coupon de soierie style Louis XVI, très riche.

480 — Deux Coupons de Crêpe blanc.

481 — Étoffes diverses.

482 — Tapis de table en broderie orientale.

FOURRURES

483 — Robe de velours vert garnie de chinchilla.

484 — Manteau de velours grenat, garni de renard
argenté.

485 — Robe de velours violet garni de skunks.

486 — Manteau de soie prune garnie de castor.

487 — Manteau de soie garni de fourrure.

488 — Manteau de velours frappé, garni de loutre.

489 — Sortie de bal en velours bleu, garnie de skunks.

490 — Sortie de bal garnie de skunks.

491 — Sortie de bal, en soie bleue, garnie de renard
bleu.

492 — Grand Camail en hermine.

493 — Jupe en soie blanche garnie de chinchilla.

494 — Un Boa en renard argenté.

495 — Un Boa en renard bleu.

496-508 — Treize Manteaux en velours, drap et soie
garnis de grèbe, de chat noir, d'hermine, de mar-
motte lustrée, de martre du Canada, de skunks, de
renard lustré, de martre-zibeline, de castor lustré, de
chinchilla.

509-511 — Six Casaques garnies de chinchilla, de loutre
et de skunks, agneau blanc et zibeline.

512-516 — Onze Manchons en marabout, ventres de
gris, hermine, grèbe, astrakan moiré, chinchilla,
zibeline, renard argenté.

517 — Guêtres en petit gris.

Quatre paires de Manchettes en petit gris et
astrakan.

Col en vison, Écharpe en grèbe, Cravate en hermine, Berthes en astrakan, marabout.

Deux Cravates en chinchilla.

Deux Parements en chinchilla.

518 — Peau d'hermine garnie de drap bleu.

519 — Tapis en ventres de gris.

520 — Tapis de mouton blanc et un Tapis de chèvre.

521 — Deux Plastrons en martre du Canada et de chat
sauvage.

Une paire de Manches en loutre.

522 — 8^{m}85 queues de vison.

3^{m}70 de skunks.

5^{m}50 de lapin gris.

Deux Morceaux de chat noir.

Deux Peaux de martre de Prusse.

Sept Morceaux en chinchilla.

Une tête, quatre pattes et une queue de zibeline.

PIANOS

523 — Piano à queue d'Erard en palissandre.

524 — Piano demi-queue d'Erard en palissandre.

525 — Piano droit de Pfeiffer, en bois noir.

526 — Piano de Pleyel, en acajou moucheté.

527 — Épinette du temps Louis XIV, en bois peint, à
ornements ; l'intérieur, décoré au vernis genre Martin,
représente des sujets dans le goût de Gillot : Comé-
diens, Musiciens, Danseurs et Réunions galantes.
La Table-Support est en bois de noyer de travail
moderne.

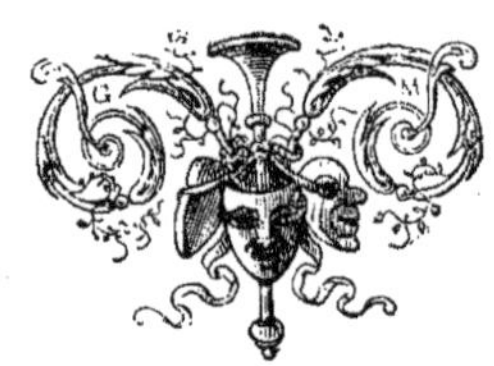